Gallery Books
Editor: Peter Fallon

THE SOUL THAT KISSED THE BODY

Pearse Hutchinson

THE SOUL THAT KISSED THE BODY

New and selected poems in Irish
with translations into English
and an introduction by the author

Gallery Books

The Soul that Kissed the Body
is first published
simultaneously in paperback
and in a clothbound edition
on 22 November 1990.

The Gallery Press
Loughcrew
Oldcastle
County Meath
Ireland

All rights reserved

ISBN 1 85235 060 1 (*paperback*)
1 85235 061 X (*clothbound*)

The Gallery Press receives financial assistance from An Chomhairle Ealaíon / The Arts Council, Ireland.

Acknowledgements are due to Stiofán Ó hAnnracháin / An Clóchomhar, publishers of *Faoistin Bhacach* (1968) and *Le Cead na Gréine* (1990) in which many of the poems in Irish were collected, to the editor of *Scríobh*, and to the editor of *Comhar* in which recent poems have appeared, to Deirdre Davitt / Bord na Gaeilge and the Authors' Royalty Scheme of the Arts Council.

Poems in Irish

Poems in English

Introduction

At school in the Forties we studied three languages: English, Irish, and Latin. The first was our native language, and also the language of money, and therefore of survival; the second was our ancestral tongue, and a patriotic duty; the third, Latin, the language of Mother Church — then, far more than now, the One and Only.

Three languages: that was enough for the Brothers — as indeed it must be for most people, at any age.

I was a happy swot, with a natural liking for language; which meant, in my case as in that of many, though by no means all, for languages. Myself and others like me were blessed, in those days in Synge Street, with two teachers whose love for both language and poetry was real and deep: Brother Barry and Tommy O'Rourke.

Noel Barry was a Corkman. He almost never had recourse to the leather. His tongue could cut. During Religious Half-hour (the last class before we got out for lunch) he often read poems to us. Nothing invidious, just things not on the course but which, he knew, would encourage our interest in words. I can still hear him belting out Belloc's 'Tarantella': just right for 13 or 14. In the middle of one such 'religious' half-hour (much more truly religious than the narrow and boring, or simply boring, doctrinal guff we were otherwise subjected to) the Superior invaded the room, without knocking. An unlikely Miranda. Before he could get more than three or four angry words out Barry put a stop to him: 'How dare you?' he cried, with an immense hauteur (not lessened by his magnificent Roman nose), 'How dare you intrude on my class? Be off with you!'

'Winkles' fled. Forty boys burst into applause.

Noel Barry stuck it for a few more years, then left, became a journalist, married, went back to teaching (for a different order). And died, in his late fifties.

I don't think Tommy O'Rourke had much appreciation of post-Georgian verse. But he loved the English language with a mighty passion, and managed to convey this. His love for Irish was at least

13

as great, enriched by patriotic fervour. He'd fought in the War of Independence, and that was still quite respectable.

Both men could be fearsome, both could be lovable. I remember them vividly, with gratitude.

Once I discovered sex I began to chafe at the almost incessant killjoy barrage that came at me from all sides: school, pulpit, confession-box, home. Before very long I stopped believing in God. If the great saint from Bergamo had come to power around that time, who knows? I might still be in the fold. I doubt it.

Living at home, under the thumb of a deeply loving but strong-minded, puritanical (though otherwise understanding) mother, was often hell. But I was young, full of beans, and joy kept breaking through. To give the joy free rein, though, I had to leave home.

And not just home but homeland. Puritanism seemed to me the worst thing ever invented, it was my enemy, and with it I identified (not unnaturally, given that prevailing late-Forties atmosphere) Ireland itself. So I rejected Ireland, and with it the whole patriotic Republican tradition for which Tommy O'Rourke had risked his life, my father been sacked from a good job, deported from Glasgow, interned in Frongoch, and imprisoned in Mountjoy, and my mother made a lifelong sacrifice. I think differently now.

I don't recall rejecting the Irish language as well. But for some years after leaving school my love for it (which up to then had been, by me, for someone like me, taken for granted) lay, shall we say, dormant. I don't remember reading anything in it in those years. I was, after all, making a name for myself as an up-and-coming poet in English, with two poems printed in *The Bell* (then the highest accolade) when I was $17\frac{3}{4}$ — I told them I was 18. So what did I need of any other language?

I did, though. By the time I left home for the first time, on April Fool's Day 1951, I'd somehow learnt French and Spanish (or rather Castilian), which got me a job in Geneva. From Calvinist Catholic Dublin to Calvin's own capital, after a summer in Franco's Spain: some escape! But the great thing was: I was away from the mother at last, from her great but restricting love.

In those two years in Switzerland I don't remember reading, or hearing, or missing, a word of Irish. But when in 1953 circumstances drove me back to the arms of Mother I began to take an interest in 'the language': Ó Direáin and Ó Ríordáin were writing 'modern' verse in it, *Comhar* was an exciting, up-to-the-minute magazine (as it still is). But — even more to the point for me as it turned out — Kevin Street Public Library had a wealth of Gaelic poetry on its shelves. Maybe it always had, but before I got away I'd been hooked on Rathmines and Pembroke libraries, both of which (the latter especially) had fine French and Spanish collections. They were the world outside, the healing, liberating world I needed, my own real world.

But now, as I got book after book out of Kevin Street, a whole new world unveiled itself to me. I read the more accessible volumes in the Irish Texts series. I read, and worked at every word of, O'Rahilly's great collections: *Dánta Grádha*, *Measgra Dánta*, and *Dánfhocail*. I read, over and again, with slowly diminishing difficulty, the entire extant opus of, among others, Aonghus Fionn Ó Dálaigh, Dáibhí Ó Bruadair, and Piaras Feiritéar. The latter became, and remains, one of my favourite poets. I exulted in the bawdy medieval satire of Mac Conglinne (of which there is now a superb version in modern Irish by Tomás Ó Floinn). As I wrote in the poem 'Leathfhírinne' (Half-Truth),

> Clear to me — sudden miracle —
> our forebears didn't eat stars;
> nor were they the saints those false apostles fancied,
> nor the madmen you'd think from feigned madness.

In other words, Gaelic too was the real world, a liberating world, mine. But vastly different, far more different from the anglophone world than even French or Spanish. Feiritéar I responded to because he had the liberal imagination, but — or rather *and* — he was expressing it, with inexhaustible passionate wit and elegance, in a language unimaginably different. Aonghus Fionn was light-years removed from Feirtéar as from me, but his genius could transform the most hair-raising medieval hellfear fantasies into great poetry, as Agrippa d'Aubigné could with sectarianism.

We were not yet blest with Barry when whichever Brother it was told us to open *Filíocht na nGael* (the standard school-anthology). He went through it with us page by page, instructing us to write, above certain poems, 'Ná léigh'. This means: 'Don't read'. Needless to say, those of us who were at all interested in reading couldn't wait to get home to see what forbidden joys were in store. Nothing out-of-the-way, be sure.

But more than once, in 1953, I felt, thanks to Kevin Street, that I had at last exorcized not only the puritanism but the excessive (even in retrospect only mildly endearing) naïveté of such mentors.

The Gaelic discoveries I made that year freed me also — or at least began the slow process of liberation — from 'the posh papers', from thraldom to the London Sunday book-pages, from the monstrous delusion that the metropolis, the 'mainstream', is all that matters.

The new immersion in Gaelic can't have been going on for more than six months when I realized that, foolhardy though it was, I had to start writing in Irish myself. I could no more have avoided it than, five years earlier, falling in love for the first time.

So I took the plunge, and then there was no turning back. I soon found out not only that I enjoyed writing in it but that it brought out new things in myself — well, not entirely new perhaps but new, unexpected aspects. Some things that in English I had never managed to express anything like adequately I could now get closer to expressing. It was less difficult to be direct, simple, natural. And less difficult to be tender, angry, bitter, honest, carefree, even (when called upon and up to a point) self-pitying.

The language itself refuted the mid-twentieth-century puritanism in which our mentors had tried to confine it.

Its richness and flexibility. The joy of writing in so protean a language, all that aspiration and eclipsis, all those cases — the feminine genitive singular, the masculine genitive plural often the same as the nominative singular — except that . . . And there we must leave it. This is not a grammar. Grammar may be, as Michael Hartnett once remarked to me, hindsight; but some grammars are more exciting than others, they release more abundantly 'the lyrical cry', (Croce's phrase quoted, with heartening approval, by Sorley Maclean). In Irish the bat is 'dark death' or 'leatherwings'; and a ladybird can be called 'God's little cow' or 'the beetle of blessings'.

There is an added joy in writing in such a language. A difficult joy at times. But: the liberal imagination. 'Diversity and possibility,' as Trilling said, 'and therefore complexity and difficulty'.

If Irish, in the early Fifties, liberated my mind into greater diversity and possibility, I was still living at home, I was still at the mercy of that only sometimes complex difficulty: the narrow-minded. They are always with us, but, believe me, they were much more firmly in the saddle then than now. So when I started writing in Irish I wrote a number of poems in which I gave out to and in a sense got my own back on those 'false apostles' whose very enthusiasm for Irish has put so many off — because it was more patriotic than linguistic and poetic, and too linked with hellfear.

I still, from time to time, feel the need to write such poems. There are a few in this book. You could call it a family quarrel. In Irish I found, early on, that the terms of reference were familiar to all, to any Gaelic reader. The tradition, though very much broader than the Brothers let on to us, or themselves knew, is much more homogeneous than has been the case with English for a long time. You feel you know your audience.

This intimacy is hard to translate, and some of the poems with Gaelic devotional allusions, which I'd most have liked to include here, simply don't come across in English. I'm thinking, in fact, of those which are not, at least not directly, an expression of that family quarrel. In a similar way, there are nature-poems which I couldn't have written in any language but Irish, because the part of my being that wanted to write them — to write these particular poems, not ny others at all — was only 'fully' aware of itself through long absorption of the medieval Gaelic nature-poems, whose vivid Franciscan directness is rivalled (as far as I can tell) only in Welsh.

It would be hard to find two languages more dissimilar than Gaelic and English. So translating from one to the other is all the more difficult. All the same, I've enjoyed making these versions, for what they're worth. If at times a certain baroque note has crept in that's because there seemed to be no other way of conveying (what I hope is) the intensity of the Gaelic. I trust this won't upset too many.

Findrum
June 1990

Leathfhírinne

Do chonaiceas m'éirim ag cúngú,
do chonac mo chorp ag cúngú,
croí is croiceann is cnámh,
mo bhrí, mo mhian, is m'aindlí.

Do chonaiceas m'éirim in Éirinn ag cúngú,
do chonac an Mhór-Roinn ina mionrún,
an Spáinn chomh baoth le Tír na nÓg
is Mogadiscio san uaigh;

An ghrian féin mar bhainne-na-n-éan,
ceol Vivaldi gan blas im bhéal,
óghacht intinne is blas meirge
mar bhán-bhás óg is mar phicil;

An tír, an t-am, is an teanga,
i ngreim léarscáil ag cúngú;
filíocht Phiarais féin
ag imeacht uaim thar sáile.

(Bhronnas cuid dem chroí ar bhród,
cuid eile mar shop thugas don bhrón;
ar a lán slite áille thréigeas Éire —
ach drúis chun na Gaeilge féin a lot mo chiall).

Níor fhéad cumhacht na saobhaspal —
leath-fhíorsholas an oileáin seo —
m'óige ná m'fhírinne a chur fá ghlas;
ach caint na saor-Ghael á dhéanamh do chonaiceas.

Half-Truth

I saw my intellect shrinking,
saw my body shrinking,
heart and skin and bone,
meaning, desire, unrule.

I saw my intellect in Ireland shrinking,
the Continent shrunk to a tiny secret,
Spain as vapid as Tír-na-nÓg
and Mogadiscio in the grave;

The sun itself mere dandelion-sap,
Vivaldi's music no taste in my mouth,
taste of rust or purity of mind
nothing but young white death,
                                          or pickles;

The land, the time, the tongue,
gript in a map shrinking;
even Pierce's poems
going from me
                    across the sea.

(A bit of my heart I gave to pride,
part in a sop I gave to sorrow;
in many beautiful ways I betrayed Ireland —
but lust for Gaelic herself destroyed my sense.)

False apostles' power —
half the true light of this island —
could not imprison young truth;
but I began to see
                    free Gaelic talk imprisoning.

Caint na saor-Ghael, na sean nach n-éagann,
do chonac ar dtús, is do gheit mo chaintse;
daonnacht is fairsinge do ceileadh orainn,
thosnaigh mé i láib na n-aois á tochailt.

Ba léir dom, míorúilt obann,
nach n-ithidís Gaeil réalta;
is nárbh iad na naoimh do shamhlaigh na saobhaspail,
ná na geilt a cheapfá ón mbréag-ghealtóireacht.

Mar naíonán i gcliabhán,
do shantaigh mé an críonghrá;
anois im shuan bím gan chion gan chéill;
ach fuath leamh is baois ag fás.

Mura n-éagann caint na sean
tá baol go n-íosfaidh sí mo ghean;
is an chaint nua atá agamsa,
má leanaim léi, baol nach mairfeadsa.

Beatas, cigirí, is feirmeoirí,
tromscoláirí is fáinneoirí,
cainteoirí dúchais is ollamh ollscoile —
is bocht an béile sin dom ghoile.

Do chonac mé féin sa mbrionglóid sheirbh —
bothán, duais, is ciúneas im sheilbh —
ag ithe na mblian le cuimhní oráiste,
is ag éisteacht gan stad le stair an pharóiste.

Do chonac mo theanga is teanga Oisín
á milleadh ag an dteangain féin;
is mé, ag feo, am naomhú,
i measc na mbréag is na saobhghlún.

Free Gaelic talk, undying old,
that was what I saw at first —
and my own talk rose up:
for breadth and humanity our teachers hid
I scrabbled in the mud of ages.

Clear to me — sudden miracle —
our forebears didn't eat stars;
nor were they the saints those false apostles fancied,
nor the madmen you'd think from feigned madness.

Like a babe in the cradle I craved
the old wise love;
now in a doze I lack both liking and wit;
weak hate only — and vapour apace.

Unless the old talk dies it could
devour affection;
and this new talk I brandish
could bring me down.

I saw myself in the bitter dream —
possessed of a hut, a prize. And quietness —
eating the years remembering oranges,
and endlessly listening to the parish tale.

I saw my tongue and the tongue of Usheen
ruined by the tongue itself;
and me, withering, canonizing myself,
among the lies and the false generations.

Do chonac an neamhní féin ag cúngú,
is an domhan ildaite ag cúngú,
do chonac an file mar ghéibhinn,
is na grianta uile mar *daylight saving.*

Ach, a Phiarais, má thréigim do chorp,
a mhic Fhinn, má bhréagnaím d'fhocal,
is fearr duine ná duine fós,
is fearr Fionn féin ná Dia, fós,
is fós ní thréigfead m'ocras,
is tá seans nach dtréigfead mo thobar,
is nach dtréigfead mo leath-obair.

I saw the void itself shrinking,
the multicoloured world shrinking,
I saw the poet as a prison,
and all the suns like daylight-saving.

But, Pierce,[1] if I desert your body,
Son of Finn, if I sham your word,
one is still better than many,[2]
Finn is still better than God,[3]
and I still won't abandon my hunger,
or even, perhaps, my source —
nor my half-work
           leave more than half-undone.

1. Pierce is Piaras Feiritéar (c. 1600-1653), the Norman-Gaelic poet and rebel who was hanged by the English in Killarney.
2. A phrase from Feiritéar, to which I have added the word *fós* (still). *Daoine* is the plural of *duine*, which means a person. The English is poor enough compared to the Kerryman's Gaelic.
3. Again I've added *fós* (still) to the original, which is supposed to have been said by Finn's son Usheen to Saint Patrick.

Fógra

Dá gcuirfinnse fógra sa gcolún pearsanta
in *Ebony*, in *Crisis*, nó san *Amsterdam News*,
ag insint gur duine mé den chine liath
as forimeall tuirseach na hEorpa tuirsí,
is go raibh fonn orm dathanna mo chroicinn d'athrú,
gceapfá go bhfaighinnse freagraí ó dhochtúir,
ó Mhadame Erzulie is ón Athair Divine,
ag tairiscint púdair nó luibh nó míorúilt
nó íocshláinte dhraíochta ar an liath seo im aghaidh?

Meitheamh 1957

Advert

If I put an ad in the personal column
of *Ebony*, *Crisis*, or the *Amsterdam News*,
saying I belong to the grey race
from a tired edge of tired Europe,
yearning new skin, fresh colours,
d'you think I'd get an answer from a doctor,
from Madame Erzulie or Father Divine,
offering miracle, powder, herb,
magic for the grey in this face?

June 1957

Litir Fholamh

Dá dtiocfá ar ais, deirim,
agus tugaim dearbh-éitheach,
ní cheannóinn arís
méirdreach ná méirleach;
dá slánófá mise tamall
led theacht is led chaint
ó bheith ag ól le namhaid is óinseach,
ó mo shíor-fhéintrua agus mo shaint;
ón oíche ró-uaigneach, ró-ionraic,
a cheann dubh mar an fhaoileann,
is ó bhréaga boga mo chroíse
i gcoinne fonóide na hoíche.

Dá bhfillfeása chugam, an dtógfainn post
suarach, saibhir, seascair,
chun am is leann a thabhairt dúinn
agus misneach ár ndóthain d'athcheannach?
Nílim chomh láidir san, a neart,
ach bheinn ag labhairt leatsa,
agus amanntaí im luí arís
teas le teas leat i leaba.

Dá dtiocfá ar ais, deirim,
agus ní thugaim éitheach,
d'éireodh mo chumha níos náirí,
is ní bheinn chomh minic im aonar.

An Empty Letter

If you came back, or so I say —
and surely it's a lie —
I'd never again
buy strumpet or villain;
if you rescued me for a while
with your coming and your talk
from drinking with enemies and fools,
from endless self-pity and greed;
from the night too lonely, too honest —
my love your black hair seagull-bright —
and from the soft lies my heart
tells against the derisive dark.

If you came back would I take a job —
mean, well-paid, secure —
to give us time and drink,
and buy back our fill of courage?
I'm not that strong, my strength;
but I'd be talking with you,
and sometimes warmth to warmth
again with you in bed.

If you came back, I say,
and it's no lie,
my grief would grow more modest,
and I wouldn't be so often alone.

Goimh-Racht Eile

D'umhlaíodar síos d'íomháigh chailce,
d'íomháigh cháis,
d'óghacht phráis,
d'umhlaíodar síos,
rinneadar sin, creid uaimse,
agus umhlóidh arís
gan leigheas gan lá.

I ngach bosca faoistine
go mbáfar Banba
beidh páistí ar crith,
ag foghlaim scanraidh,
ag soláthar gléasa éithigh,
go dtitfidh an tón as an mbád,
go dtitfidh an bád as do láimh,
a Rí na cailliúna.

Beidh grá faiteach á shéideadh,
beidh fir ag cabhrú le daoine ar ghannchuid,
beidh siad ag pógadh is ag sméideadh,
ag scigireacht fán stróinséar
is ag labhairt go cúthail cneasta
le stróinséar,
agus leanfaidh siad ag cáineadh
a ndea-iarrachtaí féinig,
go dtitfidh anál gach naoimh
ón mbuidéal isteach san loch,
go dtitfidh an loch as do láimh,
a Bhacaigh na fírinne,
a Thrócaire féinspochta.

Fán gceofrán tromghlas
beidh páistí á gcosaint féin
is fir fásta ag déanamh feall

Another Fit of Spleen

They bowed down to chalk images,
to cheese images,
to brass virginity,
that they did, believe me,
and will again,
incurably,
bow down.

In every confessional
till Banba drowns
children will go on trembling,
learning terror,
sharpening the tools of lying,
till the arse falls out of the boat,
till the boat falls out of your hand,
O King of Loss.

People will go on helping people in want,
shy love contrive to breathe,
they'll be kissing and winking,
jeering strangers
and speaking kindly
to strangers,
they'll go on running down
their own best efforts,
till the breath of every saint
falls out of the bottle into the lake,
till the lake falls out of your hand,
O Cripple of Truth,
O self-gelt Mercy.

Beneath a dark-green drizzle
children will keep on protecting themselves
and grown men betraying

ar an rud beag beacht
a bhfuil a fhios acu,
in ainm rud bocht neambeacht
nach bhfuil a fhios ag cúinne iontu
ach ag a mbród.

In ainneoin gach gangaide
beidh páistí á gcosaint féin,
ag gol, ag soilseadh, ag léimt,
gan síorleigheas ar ár gcos a feodh.

the small, exact thing they know,
in the name of a poor, inexact thing
no crevice in them knows
except their pride.

Children, despite all spleen,
will go on defending themselves,
weeping, shining, jumping,
no lasting cure
for our withered feet.

Maitheamh

Ní iarrfad maitheamh
go humhal ar shagart
i mbosca dorcha
tromdonn docht a
rinne fá ghrásta
fear éigin cráite.

Ní gheobhad faoiseamh
ach oiread uaibhse,
a lucht síormhaoite
na leapan folaimhe;
ná ní chuirfead i bhfolach mo
náire ghonta
fád chlúmhsa, a dhuine
nár chaill riamh suirí.

Ar mo chomharsain, ar mo dhéithe,
ar chumhacht na gréine,
ar na daoine a ghoineas-sa
ar na pianta a cuireadh orm,
ar an bhfear sa sagart,
ar mo scáthán briste,
iarrfad maitheamh.

Forgiveness

I won't ask forgiveness
humbly from a priest
in a cramped heavy
dark-brown box
that under grace was made
by some tormented man.

I won't get respite either
from the likes of you,
forever boasting
of your empty beds;
nor shall I hide
my wounded shame
under your plumage
who never lost a seduction.

Of my neighbours, of my gods,
of the power of the sun,
of the people I've wounded,
of the pains put on me,
of the man in the priest,
of my broken mirror,
I'll ask forgiveness.

Fúinne

An bhfeiceann tú an fear sin thall, a bhfuil a chuid éadaigh ar dhath na h-oíche is duibhe, agus a chroiceann ar dhath an tsalainn is báinne?

Deireann sé gur maith leis an ghrian.

Deireann sé go dtuigeann sé an ghrian níos fearr ná tusa (ní deireann sé: 'níos fearr ná an ghrian féin', ach ní lándoiléir go bhfuil fonn air a leithéid a rá).

Agus má fhiafraítear de cad is ainm dó, freagróidh sé: Mac na Gréine.

Roinnt blianta eile, agus déarfaidh sé: Glaotar an Ghrian orm, ach níl siad ach ag magadh fúinne.

Roinnt bheag eile, agus déarfaidh:

Athair na Gréine.

Of Us

You see that man over there, his garb the colour of the blackest night, his skin as white as the whitest salt?

He says he likes the sun.

He says he understands the sun better than you do (he doesn't say: 'better than the sun itself', but it's clear enough that's what he wants to say).

And if you ask him his name, he'll answer: I'm the Sun's Heir.

In a few years' time he'll be saying: They call me the Sun, but they're only making fun of us.

And after another while he'll say:

I'm the Father of the Sun.

Neambuíochas

do Tony Gorman

Feamainn dearg sa gcuan beag.
Mo dhá chois ag luascadh os a cionn.
An t-aon lá a bhí go fíor-
bhreá, carraig is uisce araon
ag soilsiú fá dheireadh fán ngréin.
Cloch, cnoc, is carraig
mar a bheadh colm nó airgead.
Taobh thiar díom an sruth is an droichead
is dhá bhó — féar fúthu.
Gan crann le feiscint: b'fhíochmhar
an t-áthas a chuir sin ormsa.
Carraig, feamainn, spéir ghorm.
An t-aon lá san áit úd
a bhronn orm an tsíocháin aonraic.
Datha na feamainne, an lá úd,
chífidh mé go bráth iad.
Na clocha tréana, léithe, geala,
braithfead a n-ionraiceas uaim go bráth.
Níorbh é cúram mo lámhsa
bheith ag troid leo san ná le farraige.
Bhí an fios umhal agam nach mairfeadh
iomláine an lae ná an tsíocháin annamh;
dá bhrí sin d'fhan mé tamall san áit,
mo dhá chois ag luascadh, mo shúile
ag féachaint na feamainne gan tuiscint.

Ach níorbh í sin mo shíocháinse.

Ingratitude

for Tony Gorman

Redweed in the small harbour.
My two feet dangling over it.
The only really fine day,
rocks and water both
shining at last under the sun.
Stone, hill, and rock
like dove or silver.
Behind me the stream and the bridge
and two cows — under them: grass.
Not a tree in sight:
that gave me a fierce joy.
Rock, seaweed, blue sky.
The only day in that place
that gave me the hermit peace.
I'll see for ever
the colours of the seaweed that day.
The strong, grey, bright stones:
I'll miss their honesty always.
It wasn't my hands had the task
of fighting with them or the sea.
And I was resigned to knowing
the fullness of that day
with its rare peace wouldn't last;
so I stayed for a while in the place,
feet dangling,
eyes scrutinizing the seaweed
without understanding.

But it wasn't my own true peace.

Cónraí

Cónra lomnocht is cóir
nó í go milis galánta,
idir veilbhit agus ór
agus inneall cumaisc.

Dreo fada is fearr
i bhfásach nó in úllghort;
ach a sháith gráisciúlachta
ní cheadófar
do mo ghraiseamal.

Cónra lomnocht is cóir
nó í bheith go milis galánta.

Coffins

A bare coffin is best
or let it be succulent, sumptuous,
all velvet and gold with a built-in
machine-à-foutre.

A long rotting is best
in desert or vineyard;
but its fill of bawdry
won't be granted
to my debris.

A bare coffin is best
or let it be velvet and gold.

Feithid

Feithid mharbh san im,
lá samhraidh.

'It's only a black speck,'
ar mo mháthair, tá nua-
spéaclaí uaithi le fada.

Scrúdaíos an fhadhb go fréamh.
Níor *bhlack* ná níor *speck* é,
ach feithidín básaithe,
donn dorcha,
beirt adharc, nó an dá chois,
chomh tanaí, do-fheicse —
greim ag an im ar an bhfeithid,
má ba im an tsamhraidh féin é,
im ola, ór dorcha,
i dteach gan oighir.
Bás beag:
feithid amháin nár chuireas
donn iongan ina bhás.

Bás chomh trom le mo bhás féin;
ach gan deis a mheáite
ag mo shamhnas dall éadtrom.

ionas go spréifí mar sholas
na gréine dorcha
mo chré ó Bheann Éadair anuas.

Ach cuimhnígí, mo léan, ar Phirandello:
níor mhian leis cuimhneachán ar bith,
ach ba é a dhearg-mhian,
och, ba é a mhian ró-gheal,
go spréifí a chré
ar bhá Agrigento, ón rinn anuas.
Throid a mhac sna cúirteanna
ar fud na hIodáile; do chailleadar beirt:

Sa Museo Pirandello anois
in Agrigento, áit dhúchais an fhile,
tá próca ar phlionta sa halla
agus cré an fhile ann.

A chairde, ná ceadaígí d'éinne
an feall céanna ná feall na heaglaise a dhéanamh ar
mo ghraiseamal.

Insect

A dead insect in the butter,
on a summer day.

'It's only a black speck,'
my mother said, she's been needing
new glasses for a while now.

I scrutinized the problem.
Neither black nor a speck,
but a dead insect,
dark brown,
with two horns, or feet,
so thin, barely visible —
an insect in the clutch
even of summer butter,
darkish, oily gold,
in a house with no ice.
One little death I had
no grimed nail in.

A death as heavy as my own,
but one such blind, such light
revulsion as mine can't weigh.

Uaimh

do Sheán Mac Réamoinn

'Níl uaimse ach uaigh na mbocht,'
ba ghnáth le m'athair a rá,
agus déarfainn go mbíodh sé i ndáiríre,
d'ainneoin méid a sceimhle
roimh dhochtúir an árachais.

Níorbh amhlaidh do mo mháthair:
fuair sí, mar ba mhian léi,
galántacht na sochraide,
adhlacadh ar nós na heaglaise,
ar nós leath na tíre,
ar nós na meánaicme —

rud a fuair m'athair freisin,
d'ainneoin a fhuarchúise:
ní raibh neart agam air —
ní raibh neart agam uirthi.

I measc na mbeo
níl freagra ceart ná greim
ag éinne ar an mbás,
an duinemhasla úd,
mar sin is cuma, ar shlí,
más freagra cráifeach a thugtar
nó freagra an duine gan Dia —
is nach é an croí céanna go minic
an duine cráifeach
agus an duine gan Dia;
'gus is duine-le-Dia
gach uile dhuine dínn
i láthair an bháis. Ach
do b'fhearr liom féin
an tine ná talamh dá mhéithe,

Testament

for Seán Mac Réamoinn

'A pauper's grave is good enough for me,'
my father used to say,
and I believe he meant it,
for all he feared the life-insurance doctor.

His wife was different:
she got, as was her wish,
an elegant burial,
with all the rites of mother church,
like half the land,
like all the middle class —

my father got it too,
for all his indifference:
I couldn't stop it —
I couldn't stop her.

To death —
God's blasphemy —
there is no right answer,
so it doesn't much matter
if the answer chosen
is pious or godless:
isn't the crawthumper's heart
and the heart of the mocker
often the same heart;
both, and all,
are dunces when it comes to death.
But I myself, than even the richest clay,
would sooner fire —

so like the light
                    of some dark sun
from Howth Head sprinkle me down.

Or is that to forget Pirandello?
He never wanted any monument at all,
his only wish —
his dearest, brightest wish —
to be ashed, then sprinkled
from a headland into the bay at Agrigento.
In court after court his son fought for his wish
all over Italy; they lost:

In the Pirandello Museum now
in Agrigento, the poet's native place,
there's a pot on a plinth in the hall
confining the dust of a poet.

Friends, don't let
church or convention play like that
my debris false.

Ceilt agus Cealg

An eol daoibh, a shagairt, a bhráithre,
a mháithríní beaga,
an eol daoibh fós mar a cheileabhair orainn bhur gCríost?
Óir ní féidir gurbh é sin bhur bhfíor-Chríost:
an fathach díoltais úd —
sionnach i gcroiceann na caorach —
a léiríodh dúinn faoi bhinneas i gClochar na Trócaire,
faoi chogar i mbosca na faoistine graosta,
faoi scread sa gcrannóg i mbéal
'One of the Finest Orators of his Day':

Ní féidir gurbh é sin bhur dTiarna:
bhí Críost ní ba mhíonla,
Dia ní ba fíre, i bhfolach agaibh áit éigin?
Caithfidh go raibh
nuair a chuirfear sibh sa mbosca sin atá níos cúinge
fós ná bosca faoistine,
níos dorcha cúinge ná bhur n-aibíd, ná bhur meon,
i bhfad níos dorcha cúinge claonta ceomhaire
ná meon a múnlaíodh i bhur scoileanna. Caithfidh go mbeidh.

D'fhoghlaimíomar an Críost bréige,
an fathach díoltais úd,
de ghlanmheabhair, a mháistrí, fé theas dubh an Leathair,
d'fhoghlaimíomar
teas dubh
an ifrinn dobhránta pháistiúil úd.
Nuair a rinneadh *pioneers* dinn, páistí —
dríodar an leanna sa ngloine sa gcistin, iar ndíth cóisir
   na dtuismí,
b'ansa linn é ná lá saoire — ní dúirt an tEaspag linn
'Bhfuil cead agam dul isteach?' Réab sé isteach ionainn,
an tEaspag úd gur cumhdaíodh a Chathaoir i bhfuiscí reoite.
Nuair a rinneadh an feall úd, níorbh é féith
an ghrinn d'fhoghlaimíomar an lá sin,

Hiding Christ

Are you, priests, brothers, at all aware,
o my little mothers,
are you aware of how you hid your Christ from us?
How could that have been your true Christ:
that giant of vengeance —
a fox in sheep's clothing —
you showed us with unction in the Convent of Mercy,
in whispers in the obscene confession-box,
or bawling from the pulpit in the mouth
of 'One of the Finest Orators of his Day':

That couldn't have been your Lord:
a gentler Christ, a God more true,
you must have kept, somewhere, hidden away?
You must have when
you're put into the box that's even narrower
still than any confessional,
darker narrower than your black habit or mind,
far darker narrower more fogged-up more bent
than any mind moulded in your schools. You must.

That false Christ,
giant of vengeance, we learnt
off by heart, my masters, under the Leather's black heat,
we learnt
the black childish heat
of that dull-witted hell.
When they turned us children into pioneers —
porter-dregs in kitchen-tumblers, after the grown-ups' party,
we loved that more than a bazz-off — the Bishop didn't ask
'May I come in?' he breenged right into us,
that Bishop whose throne was carved out of frozen whiskey.
So deep an intrusion didn't teach us,
that day, 'a sense of humour',

ná 'clerical jokes' ach oiread, dá ghlaineacht iad:
lispíní a fhágaint, 'gcuirfimid i gcás?,
sa bhfualán i seomra na n-aoi (beirt chailín).

Bhí Chríost faoi cheilt i gceart agaibh, nuair a léití dúinne,
le linn an Religious Half-hour, le linn Auschwitz,
mar gheall ar na Protocols of Zion, mar gheall ar na Yids:
   gona saint
thar fóir.

Is fíor
go bhfacamar, uair umá seach,
sa láimh lách,
sa tuistiún dúthrachta,
nó ag gobadh amach go hobann, chomh cúthaileach le drúis,
as gimpe na feirge bréige, Críost fíor,
Críost a bheadh sona libhse agus linne araon.
Ach ba annamh é, a mháistrí.
Agus fiú nuair a tharla, níor aithníobhar É.
Nó, má d'aithnigh, níor insíobhair dúinne é.

nor 'clerical jokes', however clean:
exempla gratia sausages left in the pisspot
in the two young women's presbyterial guest-room.

You were really hiding Christ on us when you read to us,
during Religious Half-hour, during Auschwitz,
about the Protocols of Zion about
the Yids and their unbridled greed.

It's true we saw,
once in a while,
in a kind hand,
in the gift of a generous tanner,
or sticking out all of a sudden as shy as lust,
from wimples of phony anger, the real Christ.
A Christ who'd be happy with you and us both.
But not often, my masters.
And even when it did happen, you didn't recognize Him.
Or if you did, you didn't tell us.

Leeds nó Amsterdam

I do phóca, ag stánadh amach,
feadóg stáin. Ollóineach súgach
fiosrach amháin. Ansan go hobann
chuir tú preab sa gceol
The Boys of Blue Hill agus Planxty Drury
cuireadh deire leis an juke-box
bhí an teach go léir ag damhsa linn
bhí lucht an óil seolta agat
fé lán-cheol agat:
níor bhlaiseadar riamh, ina dTír-fó-Thoinn,
a leithéid de ghrá.

Amsterdamhsa go deo, a chroí,
dit orgel heeft in Kapstad gespeelt.[1]

Sa Regent i Leeds má bhí Sasanach uaigneach
amháin ann, b'in an méid. Ní raibh deoch ba láidre
ná liomonáid bhuí ag Cathal ach bhí Planxty Johnson
go deo aige, bhí Liam Óg ann
agus Sligomen in town agus lucht ceoil nach iad
agus lucht óil nach iad, an ceol á shlogadh siar againn:
arsa mise le Francey i dteach an asail:
'Here we are' agus thóg sé na focail as mo bhéal
'in the heart of England' —
'in the heart of Ireland' arsa mise á cheartú —

Á mhí-cheartú, mo léan géar:
'It looks as if,' arsa Vladimir Ilyitch, tráth,
'we'll have to go underground again'. Agus tá
an chuma sin air anois, a chroí:
ach nach muidne atá cleachtaithe
ar an gcleas úd, ar an gceol úd?

Insect

A dead insect in the butter,
on a summer day.

'It's only a black speck,'
my mother said, she's been needing
new glasses for a while now.

I scrutinized the problem.
Neither black nor a speck,
but a dead insect,
dark brown,
with two horns, or feet,
so thin, barely visible —
an insect in the clutch
even of summer butter,
darkish, oily gold,
in a house with no ice.
One little death I had
no grimed nail in.

A death as heavy as my own,
but one such blind, such light
revulsion as mine can't weigh.

Uaimh

do Sheán Mac Réamoinn

'Níl uaimse ach uaigh na mbocht,'
ba ghnáth le m'athair a rá,
agus déarfainn go mbíodh sé i ndáiríre,
d'ainneoin méid a sceimhle
roimh dhochtúir an árachais.

Níorbh amhlaidh do mo mháthair:
fuair sí, mar ba mhian léi,
galántacht na sochraide,
adhlacadh ar nós na heaglaise,
ar nós leath na tíre,
ar nós na meánaicme —

rud a fuair m'athair freisin,
d'ainneoin a fhuarchúise:
ní raibh neart agam air —
ní raibh neart agam uirthi.

I measc na mbeo
níl freagra ceart ná greim
ag éinne ar an mbás,
an duinemhasla úd,
mar sin is cuma, ar shlí,
más freagra cráifeach a thugtar
nó freagra an duine gan Dia —
is nach é an croí céanna go minic
an duine cráifeach
agus an duine gan Dia;
'gus is duine-le-Dia
gach uile dhuine dínn
i láthair an bháis. Ach
do b'fhearr liom féin
an tine ná talamh dá mhéithe,

Testament

for Seán Mac Réamoinn

'A pauper's grave is good enough for me,'
my father used to say,
and I believe he meant it,
for all he feared the life-insurance doctor.

His wife was different:
she got, as was her wish,
an elegant burial,
with all the rites of mother church,
like half the land,
like all the middle class —

my father got it too,
for all his indifference:
I couldn't stop it —
I couldn't stop her.

To death —
God's blasphemy —
there is no right answer,
so it doesn't much matter
if the answer chosen
is pious or godless:
isn't the crawthumper's heart
and the heart of the mocker
often the same heart;
both, and all,
are dunces when it comes to death.
But I myself, than even the richest clay,
would sooner fire —

ionas go spréifí mar sholas
na gréine dorcha
mo chré ó Bheann Éadair anuas.

Ach cuimhnígí, mo léan, ar Phirandello:
níor mhian leis cuimhneachán ar bith,
ach ba é a dhearg-mhian,
och, ba é a mhian ró-gheal,
go spréifí a chré
ar bhá Agrigento, ón rinn anuas.
Throid a mhac sna cúirteanna
ar fud na hIodáile; do chailleadar beirt:

Sa Museo Pirandello anois
in Agrigento, áit dhúchais an fhile,
tá próca ar phlionta sa halla
agus cré an fhile ann.

A chairde, ná ceadaígí d'éinne
an feall céanna ná feall na heaglaise a dhéanamh ar
mo ghraiseamal.

so like the light
                    of some dark sun
from Howth Head sprinkle me down.

Or is that to forget Pirandello?
He never wanted any monument at all,
his only wish —
his dearest, brightest wish —
to be ashed, then sprinkled
from a headland into the bay at Agrigento.
In court after court his son fought for his wish
all over Italy; they lost:

In the Pirandello Museum now
in Agrigento, the poet's native place,
there's a pot on a plinth in the hall
confining the dust of a poet.

Friends, don't let
church or convention play like that
my debris false.

Ceilt agus Cealg

An eol daoibh, a shagairt, a bhráithre,
a mháithríní beaga,
an eol daoibh fós mar a cheileabhair orainn bhur gCríost?
Óir ní féidir gurbh é sin bhur bhfíor-Chríost:
an fathach díoltais úd —
sionnach i gcroiceann na caorach —
a léiríodh dúinn faoi bhinneas i gClochar na Trócaire,
faoi chogar i mbosca na faoistine graosta,
faoi scread sa gcrannóg i mbéal
'One of the Finest Orators of his Day':

Ní féidir gurbh é sin bhur dTiarna:
bhí Críost ní ba mhíonla,
Dia ní ba fíre, i bhfolach agaibh áit éigin?
Caithfidh go raibh
nuair a chuirfear sibh sa mbosca sin atá níos cúinge
fós ná bosca faoistine,
níos dorcha cúinge ná bhur n-aibíd, ná bhur meon,
i bhfad níos dorcha cúinge claonta ceomhaire
ná meon a múnlaíodh i bhur scoileanna. Caithfidh go mbeidh.

D'fhoghlaimíomar an Críost bréige,
an fathach díoltais úd,
de ghlanmheabhair, a mháistrí, fé theas dubh an Leathair,
d'fhoghlaimíomar
teas dubh
an ifrinn dobhránta pháistiúil úd.
Nuair a rinneadh *pioneers* dinn, páistí —
dríodar an leanna sa ngloine sa gcistin, iar ndíth cóisir
   na dtuismí,
b'ansa linn é ná lá saoire — ní dúirt an tEaspag linn
'Bhfuil cead agam dul isteach?' Réab sé isteach ionainn,
an tEaspag úd gur cumhdaíodh a Chathaoir i bhfuiscí reoite.
Nuair a rinneadh an feall úd, níorbh é féith
an ghrinn d'fhoghlaimíomar an lá sin,

Hiding Christ

Are you, priests, brothers, at all aware,
o my little mothers,
are you aware of how you hid your Christ from us?
How could that have been your true Christ:
that giant of vengeance —
a fox in sheep's clothing —
you showed us with unction in the Convent of Mercy,
in whispers in the obscene confession-box,
or bawling from the pulpit in the mouth
of 'One of the Finest Orators of his Day':

That couldn't have been your Lord:
a gentler Christ, a God more true,
you must have kept, somewhere, hidden away?
You must have when
you're put into the box that's even narrower
still than any confessional,
darker narrower than your black habit or mind,
far darker narrower more fogged-up more bent
than any mind moulded in your schools. You must.

That false Christ,
giant of vengeance, we learnt
off by heart, my masters, under the Leather's black heat,
we learnt
the black childish heat
of that dull-witted hell.
When they turned us children into pioneers —
porter-dregs in kitchen-tumblers, after the grown-ups' party,
we loved that more than a bazz-off — the Bishop didn't ask
'May I come in?' he breenged right into us,
that Bishop whose throne was carved out of frozen whiskey.
So deep an intrusion didn't teach us,
that day, 'a sense of humour',

ná 'clerical jokes' ach oiread, dá ghlaineacht iad:
lispíní a fhágaint, 'gcuirfimid i gcás?,
sa bhfualán i seomra na n-aoi (beirt chailín).

Bhí Chríost faoi cheilt i gceart agaibh, nuair a léití dúinne,
le linn an Religious Half-hour, le linn Auschwitz,
mar gheall ar na Protocols of Zion, mar gheall ar na Yids:
   gona saint
thar fóir.

Is fíor
go bhfacamar, uair umá seach,
sa láimh lách,
sa tuistiún dúthrachta,
nó ag gobadh amach go hobann, chomh cúthaileach le drúis,
as gimpe na feirge bréige, Críost fíor,
Críost a bheadh sona libhse agus linne araon.
Ach ba annamh é, a mháistrí.
Agus fiú nuair a tharla, níor aithníobhar É.
Nó, má d'aithnigh, níor insíobhair dúinne é.

nor 'clerical jokes', however clean:
exempla gratia sausages left in the pisspot
in the two young women's presbyterial guest-room.

You were really hiding Christ on us when you read to us,
during Religious Half-hour, during Auschwitz,
about the Protocols of Zion about
the Yids and their unbridled greed.

It's true we saw,
once in a while,
in a kind hand,
in the gift of a generous tanner,
or sticking out all of a sudden as shy as lust,
from wimples of phony anger, the real Christ.
A Christ who'd be happy with you and us both.
But not often, my masters.
And even when it did happen, you didn't recognize Him.
Or if you did, you didn't tell us.

Leeds nó Amsterdam

I do phóca, ag stánadh amach,
feadóg stáin. Ollóineach súgach
fiosrach amháin. Ansan go hobann
chuir tú preab sa gceol
The Boys of Blue Hill agus Planxty Drury
cuireadh deire leis an juke-box
bhí an teach go léir ag damhsa linn
bhí lucht an óil seolta agat
fé lán-cheol agat:
níor bhlaiseadar riamh, ina dTír-fó-Thoinn,
a leithéid de ghrá.

Amsterdamhsa go deo, a chroí,
dit orgel heeft in Kapstad gespeelt.[1]

Sa Regent i Leeds má bhí Sasanach uaigneach
amháin ann, b'in an méid. Ní raibh deoch ba láidre
ná liomonáid bhuí ag Cathal ach bhí Planxty Johnson
go deo aige, bhí Liam Óg ann
agus Sligomen in town agus lucht ceoil nach iad
agus lucht óil nach iad, an ceol á shlogadh siar againn:
arsa mise le Francey i dteach an asail:
'Here we are' agus thóg sé na focail as mo bhéal
'in the heart of England' —
'in the heart of Ireland' arsa mise á cheartú —

Á mhí-cheartú, mo léan géar:
'It looks as if,' arsa Vladimir Ilyitch, tráth,
'we'll have to go underground again'. Agus tá
an chuma sin air anois, a chroí:
ach nach muidne atá cleachtaithe
ar an gcleas úd, ar an gceol úd?

Leeds or Amsterdam

Sticking out from your pocket,
a tin-whistle. Just one
inquisitive Dutchman. Then suddenly
you set the music jumping:
The Boys of Blue Hill and Planxty Drury,
that put a stop to the juke-box,
the whole pub was dancing with us,
you'd launched the drinkers
into full sail of sound:
they'd never in their Lowlands
tasted such music before.

Amsterdancing for ever, my dear:
dit orgel heeft in Kaapstad gespeelt.[1]

In the Regent in Leeds, one Englishman
and us. Lemonade was the strongest
Cathal would drink but he gave us Planxty Johnson
for ever, Liam Óg was there
and Sligomen in town
and others making music besides them
and others drinking and all of us gulping down the music:
I said to Francey in the jax:
'Here we are' and he took the words out of my mouth
'in the heart of England' —
'in the heart of Ireland,' said I correcting him —

Miscorrecting him: 'It looks as if,'
said Vladimir Ilyitch once,
'we'll have to go underground again'.
And that's the way it looks now, dear heart:
but aren't we a people well-trained
to that trick, to that music?

Seans nach mbeidh ceol na mbriathar fágtha againn,
seans nach mbeidh fágtha againn go luath
ach feadóg stáin.

Nollaig / Feabhra / Meitheamh 1971-72

1. Do sheinn an t-orgán seo i gCapetown (san Ollainis)

We may come to lose the music of our words,
we may lose everything soon —
except a tin-whistle or two.

Christmas / February / June 1971-72

1. This organ has played in Capetown (Dutch).

Ó Riada

Thug tú féin an samhradh leat,
ag dul isteach sa ngeimhreadh dhuit,
ach d'fhágaís féin an samhradh againn
gan fuacht air go deo.

Geimhreadh: cailleadh do cheol féin.
Samhradh do cheoil inár ngleic.

Gréagach i ngéibheann ár ngríosú,
do bhrostaigh, do bhronn meanma;
i bhfuacht na carcrach, blas na gréine;
tú féin i ngéibheann an bháis
(ár gcomharsa béal-dorais)
ag seinm samhraidh. Ár múscailt.

Ó Riada

You took the summer with you,
as you went into the winter,
but you left the summer with us,
banishing the cold.

Winter: your own music lost.
But the summer of your music is ours.

A Greek in prison kept our hearts up,
he quickened us, lent hope;
in prison-cold, a taste of sun;
you now in the prison of death
(our next-door neighbour)
performing summer. Waking us up.

Áit gan Amhrán

Ar an ardán
bhí fear amháin
an oíche náireach úd:
fear amháin gan charbhat,
i lár na lútála,
i mbrocamas na cnáibe,
fear nár umhlaigh síos
dá nglam nár bhinn,
fear nár cheap
gurbh Shasanach a bhléin,
duine amháin díobh
nár mhaslaigh Cabral.

Aos rince go raibh
ceol mór agus cor ochtair
ina dhá chois aige.
Ciarraíoch éigin:
na hoileáin go léir
agus páis Uladh
cráite, caillte, tréigthe, gan é.

Ceol anama.
Mar adúradh faoi Garret Barry:
he could turn a jig into a slow air.

I measc na lútála,
in ifreann na hoíche sin,
ba mharbhna Luimní
borb-cheol glic na gcos.

Leeds / Dublin 9/4/1973

A Place without a Song

On the stage
one man,
that shameful night:
one man without a tie,
in all the bowing and scraping,
in the hempen filth;
a man who didn't kowtow
to their raucous discord;
a man who didn't think
his very groin was English;
one person among them all
who didn't insult Cabral.

A dancer with the big music
and an eight-hand reel
in his two feet.
'A certain Kerryman':[1]
all the islands,
and the agony of Ulster,
tormented, lost, betrayed,
but for him.

Soul-music.
As somebody said of Garret Barry:
he could turn a jig into a slow air.

Amid the kowtowing,
in the hell of that night,
the Limerick Lament
was the clever brusque music of his feet.

Leeds / Dublin 1973

1. A poem by Feiritéar was attributed by one scribe to 'Ciarraíoch cráite éigin':
   some tormented Kerryman.

Dóchas Beag na hEagla

do Bhob Welch

Méadaítear gach lá anois ar m'eagla,
ní hé m'eagla bhocht féin amháin a luaim cé
gurb í a luíonn i bhfad Spáinne níos troime ar m'intinn ach
eagla na ndaoine: m'eagla rompu, a n-eagla romhamsa.
Cuireann gach saghas eagla scanradh orm, agus samhnas:
mo sceon féin, bhur sceon; ach 'na dhiaidh sin cuireann sé
bród orm: an bhfaca tú clann na mbláth? Cár imigh siad?
Níor imigh siad, ná ní imeoidh (ach d'imigh: sin an fhírinne).
An bhfaca tú béal na mbláth? Nár imigh sé?
Nach suarach í an eagla — nó: nach uasal:
is uaisle i bhfad Chile í ná crógacht mheata
lucht láidir na heagla. Ach éiríonn leo:
éiríonn leis an scanradh saibhir smacht a chur orainn,
smacht a chur. Ní chanaim nach cabhair ná caithis
bheith ag smaoineamh nach n-éiríonn leo i gcónaí:
ach cogar: cén chabhair, cén chaithis é
is mé sa phríosún im aonar ag guí go cráite, go daibhir,
ar son na saoirse bige 'cheadaítear dúinn sa tsráid,
mion-saoirse mhór sciamhach na sráideann' bhí im'
    ghleic inné.
Chonaic mé brú na heagla i smachtín garda,
mhothaigh mé sceon allta i láimh óig póilín,
creidim nach féidir le saibhreas ná leis an aineolas
an ceol a mharú go buan seascair, agus iarraim
leath-mhaitheamh ar an gcabhair, ar an gcaithis, ar an
    dóchas ach,
méadaítear gach lá anois ar an eagla.

Meán Fómhair 1973

Hope, tho' Small, by Courtesy of Fear

With every day fear grows,
not just my own fear though it
lies heaviest on this mind but
my fear of people — their fear of me.
Every kind of fear not only terrifies but revolts me:
my own terror, yours; but after that it makes me proud:
you saw the flower-children? Where have they all gone?
I never died said he — but the truth is: they did.
You saw the mouth of flowers?[1] Did he not go?
Isn't fear wretched — no, fear is noble:
nobler by all the bravery in Spain or Chile
than the cowardly courage of men whose only strength
is putting the frighteners on us. But: they win:
the wealthy terror works, it keeps us down —
oh I'm not saying affection or help
cannot, at times, keep tyranny at bay:
but listen, what help, what hansel
is that to me in prison alone, praying distracted, poor,
for the small freedom streets allow,
the tiny enormous beautiful freedom I had
yesterday walking the street.
I saw the crush of fear in a guard's baton,
felt wild panic in a young policeman's hand,
never can wealth nor ignorance, I believe,
kill music outright, so I half-
beg forgiveness of help, affection, hope — but:
each day fear grows.

September 1973

---

1. Béal na mBláth is the name of the place in Co. Cork where Michael Collins
   was killed. It means, literally, (the) mouth of flowers.

Oileán nó Beirt

D'éirigh le hoileán no beirt
in aigéan anso nó ansúd
obair agus leisce do phósadh le chéile
mar a bheadh dhá láimh
an choirp chéanna
nó, go fiú, dhá chorp
nó anam
le corp annamh.

Scriosadh na hoileáin úd —
gach triúr díobh —
nó scriosfar.

An Island or Two

An island or two in an ocean
here or there contrived
to marry work and indolence
like the two hands
of one body
or even two bodies
or a soul with a rare body.

Those islands got destroyed
or will be soon:
all three.

Is Trua nach Loscáin Sinn

do Mhichael Augustin, as Lübeck

Thosnaigh na loscáin ag breith —
níos doimhne ná riamh, ag tabhairt
le tuiscint don fheirmeoir eolach
go raibh samhradh fada álainn
te tirim i ndán dúinn.

Bhaineamar taitneamh as an samhradh
'bhí beagnach chomh brothallach álainn
leis na gnáth-shamhraíocha
ag Franco 'gus a phobal ionmhain.

Ní éireoidh leis choíche,
arsa sean-fhile¹ liom, lá,
ár ngrian ansin thuas a bhaint dínn,
ná ár spéir ghorm a bhaint dínn,
ná ár samhradh a bhaint dínn:
sin é an t-aon rud amháin
nach féidir leis a bhaint dínn —
is é ag síneadh a láimhe
i dtreo na spéire.

Seo é an dara samhradh fada álainn
te tirim aisteach, anseo.
An mbeidh na samhraíocha seo 'gainne
i gcónaí mar sin as seo amach?
An loiscfear fiú na loscáin?

A Pity We're Not Frogs

for Michael Augustin, from Lübeck

The frogs began nesting
deeper than ever
so the wise farmer knew we'd have
a long beautiful
dry hot summer.

We enjoyed that summer, it was almost
as beautiful and almost as torrid
as the summers usually granted Franco
and his beloved people.

He can never, said an old poet[1] to me
one day in Barcelona,
take that away from us,
that sun up there,
he can't take our weather from us,
he can't take our summer:
that's the only thing he can't take from us
— and the poet stretched
his hand up towards the sky.

This is the second summer we've had here
that's long, beautiful, dry, hot — and strange.
Will our summers be always
like this from now on?
Will even the frogs get burnt?

Is dóigh go bhfuil sean-chleachtadh
ag loscáin na Spáinne
bheith ag breith a gcuid uibheacha
go domhain
domhain
domhain.

Baile Átha Cliath: Samhradh na hEagla, 1976

---

1. 'Pere Quart' (ainm chleite Joan Oliver, 1899-1986), duine de mhórfhilí na
   Catalúine, a d'fhulaing príosún agus ionnarbadh ar son na saoirse.

The frogs in Spain
are doubtless well used to
nesting deep
            deep.

Dublin: a summer of fear, 1976

---

1. 'Pere Quart' (pen-name of Joan Oliver, 1899-1986), one of the great poets of
   Catalonia, who suffered prison and exile in the cause of freedom.

An tAnam a Phóg an·Corp

Ach d'éirigh an cholainn ba chumhra,
an corp ba cholainn,
corp gan lobadh fós,
chuir an ruaig ar lucht an tórraimh,
agus rith amach an doras
ar thóir an anama 'bhí chomh dílis,
agus thit ar thairseach an locha
gan radharc arís ar an anam.

Ní raibh lucht an tórraimh ann
le corp nó le colainn a chur.

The Soul that Kissed the Body[1]

But the more fragrant body,
the body that was love, rose up,
no rot as yet set in,
evicted the people from the wake,
and raced out the door
after the soul that had been so faithful,
and fell, by the lake's edge, without
seeing the soul again.

None of the mourners was there
to bury either body.

1. The title is that of a Gaelic folk-tale which ends with the soul leaving the body
   on the bed and going to the door and turning back at the door for one last look
   and not being able to resist going back to the bed to kiss 'the body that had been
   so faithful to it all through life'.

Cínlae na Gorta Bige

Arán gan im
nó im gan arán.
Tae gan siúcra
nó siúcra gan tae.
Feoil gan salann
nó salann gan feoil.

Gan siúcra gan bhainne
gan salann gan feoil
gan im gan tae gan arán.

Cipín gan scilling
nó gás gan chipín.

Bainne scilling salann feoil
arán cipín, tae agus im —
gan gan againn ach siúcra.

Fleadh 'gus féasta?
Nó féasta gan

Small-Famine Diary

Bread but no butter
or butter but no bread.
Tea without sugar
or sugar with no tea.
Meat without salt
or salt without meat.

No sugar no milk
no salt no meat
no butter no tea no bread.

A match but no shilling
or gas but no match.

Milk shilling salt meat
bread butter, match tea —
no lack at last but sugar.

Dining and wining?
Or dining without

Tromluí

Bhíos ar tí mo bháis.
Bhí fhios agam go dearfa.
Níorbh eagla go dtí
an nóiméad sin, ní raibh
ach nóiméad go luath
gan am agam ach le
scread a chur asam:
'Básód básód anois
tá's agam tuigim
níl dul as ach
lig dom bheith
lig dom bheith uair eile
is cuma cathain
is cuma conas ach mé
bheith beo arís
go fiú i mo fheithid dom
ach m'anál a tharraingt
más anál feithide féin é
ná dein cloch ná crann díom
lig dom teacht ar ais
áit éigin — fé chloch
más gá nó i gcrann
míle bliain ón am seo
mé marbh go fíor le linn
na míle bliain ón am seo
mé marbh go fíor le linn
na míle bliain sin ach lig
dom bheith uair eile,
anál ionam,
i mo fheithid mhion
mhion —'

Dúisíodh mé.

Nightmare

I was about to die.
I knew it for sure.
No fear till then,
no time except
to let out a screech:
'I'll die I'll die now
I know I understand
no help for it but
let me be
let me be once more
no matter when
no matter how but me
alive again
even an insect
so long as I draw
breath even if only
insect breath
don't turn me into
stone or tree
let me come back
some place — beneath
a stone if need be
or in a tree
a thousand years from now
stone-dead for all
that time but let
me be, once more,
a small, small
breathing — '

Aisling

Bhí sí marbh agus beo ag an am gcéanna.
Go fiú sa mbrionglóid bhí fhios agam nár chóir di bheith beo —
d'ise fuair bás deich mbliana ó shin.
'S ní hé go raibh sí beo arís:
ní raibh aon athbheochaint i gceist, ní raibh ann
ach go raibh sí beo agus marbh ag an am
gcéanna, chomh beo le marbh agus lán
chomh marbh le beo sa leaba lena mac istoíche.

Níor pheata mé a thuilleadh ach oiread, ba fear mé
sa mbrionglóid nach raibh a leithéid ariamh roimhe agam,
cé gur nós léi 'gus mise 'mo ghasúr beag
mé a chur i mo luí sa leaba mór istoíche
idir í féin agus m'athair.
Ní bheinn, is dócha, thar deich mbliana d'aois
nuair a fuaireas mo leaba féin ar ais arís.

Ach sa mbrionglóid níor pheata mé a thuilleadh,
ná níor leannán mé ach oiread
cé go rabhas im' aon-mhac fós.
Bhí fhios agam nár chóir di bheith láimh liom:
nár chóir di bheith chomh beo san toisc gur mharbh í:
caillte.

Ba mhasla don bhrionglóid féin é, dom choinsias brionglóide:
nach raibh fhios agam go raibh sí marbh canathaobh dá bhrí sin
go rabhthas ag iarraidh chur i gcéill orm
í bheith beo
            sa leaba lena mac istoíche?

D'éalaíos uaithi, fonn codlata orm,
fonn codlata i lár na brionglóide,
gan gaol eadrainn a thuilleadh ach gaol na daoirse,
náire nó drúcht nár liomsa.

1978

Aisling

She was both alive and dead at the same time.
Even in the dream I knew she shouldn't be alive —
who died ten years ago.
And it wasn't that she was alive again:
there was no resurrection, it was only
that she was both living and dead at the same
time as alive as dead and quite
as dead as alive in bed with her son at night.

I wasn't a pet any longer either but a man
in a dream like none I'd ever dreamt before,
though she'd been wont, when I was small,
to put me in the big bed at night
between herself and him.
I can't have been more than ten
when I got a bed to myself again.

But in the dream I was a pet no longer,
and not a lover either,
though still an only child.
I knew she shouldn't be there beside me:
it wasn't right for her to be so alive
because after all she was dead:
lost.

That was an insult to the dream itself:
as if I didn't know she was dead — why then
try to convince me that she was alive
in bed with her son at night?

So I escaped her, feeling sleepy,
feeling sleepy in the middle of a dream,
bondage our only kinship now —
a shame, or dew, not mine.

1978

73

Nuair is faide é an teideal . . .

Nuair is faide é an teideal ná an dán féin,
  cuireann sé i gcónaí i gcuimhne dhom na trí bliana
  deiridh a chaith mé i Sarrià[1] na manach agus na gcístí,
  nuair a dhamhsaíomar beirt — mé féin agus mo chara
  ón tSile — Sarda Theodorakis, suas an sliabh, níos mó ná
  oíche amháin beagáinín roimh bhreacadh lae.
                                        alberga albanesos[2]
                                        (*J. V. Foix*)[3]

Ojalá[4]
Bheith ar ais arís i Sarrià:
ag féachaint isteasch i bhfuinneoga
an tsiopa sa gCearnóg Mhór sin
ar na cístí ró-ghleoite
gan airgead mo dhóthain im' phóca 'gam —
nó dul ar an dtraein beag compordach Ceanadach
síos go croí-lár Barcelona —
mise, an file bocht, sa chéad ghrád
(ní raibh difir ann ach feoirling)
agus an file nár bhocht sa dtarna
grád ach is cuimhin liom freisin i bhFlórans
i gcroí gránna óstáin,
nárbh Albánach go dtí sin, an file mór
ag líonadh le croí álainn na Catalóine,
le ceol a bhéil, na háite sin. Ar feadh neomait
bhí sí Albánaithe againn — bhíos ar ais
arís i Sarrià:
                Ojalá!

1. On the outskirts of Barcelona
2. Albanian hotels (in Catalan)
3. Great Catalan poet, who had two cake-shops
4. Castilian exclamation meaning 'if only' or 'wouldn't it be lovely'

74

When the title is longer . . .

When the title is longer than the poem itself
  it always reminds me of the last three years I spent in
  Sarrià[1] *— brimming with monks and cakes — when two*
  of us danced — myself and a friend from Chile — the
  Sarda by Theodorakis up the hill, more often than once
  before the break of day.

albergs albanesos[2]
(J. V. Foix)[3]

O to be back again in Sarrià:
looking at the lovely cakes in the shop-windows
in the main square without half-enough money to buy
one —
or on the Canadian small commodious train
travelling down to Barcelona's heart —
me the poor poet first class
(there was only a farthing in the differ)
and the not-poor poet going second
class but I remember too in Florence
deep in a hideous hotel,
never Albanian till then, that great poet
filling with the beautiful heart of Catalonia,
the music of his mouth, that place. For a long minute
we made it Albanian I was back
again in Sarrià:
Ojalà![4]

1. bruachbhaile ar imeall Bharcelona.
2. óstáin Albánacha (sa gCatalúinis)
3. file mór, a raibh dhá shiopa cístí aige
4. Nár mhéanar é (sa gCaistílis)

Amhrán Bréagach

do Phaidí Ned Mhóir

Dúradh léi gur manach Búdach í
i mbeatha eile dá cuid fadó;
's gur fhág fós gan críochnú
dealbh mhór shuaimhneach an bhúda.
Gheall an cailín go gcríochnódh
sí féin an dealbh naofa.

Dá mb'fhíor athbhreith
cá bhfios nach dtiocfadh ar an saol arís
ambasadóir ina rúnaí óg,
ina chailín? iarla ríoga
ina bhádóir óg, ina bhuachaill
cúig bliana déag d'aois
ar loch geal na síochána?
clúmh-agus-tarradóir ina bhean óg
i ngrá le saighdiúir gallda?
nó saighdiúir marfach aineolach
ina stailc ocrais,
ina bhró feamainne?

Nó gach duine mór-le-rá
ina dhuine?

Nó, ina fheithid —

Agus an bádóir óg
cá bhfios nach dtiocfaidh ar ais
ina dhealbhadóir an áthais?

Amhrán Bréagach[1]

for Paidí Ned Mhóir

She was a Buddhist monk, they told her,
in another life of hers, long past;
she'd left unfinished then a big
serene statue of the Buddha.
The girl promised to finish, now,
that holy likeness.

Who knows, if reincarnation
is true, an ambassador won't
get re-born as a young
woman secretary? a royal earl
as a young boatman, a boy
fifteen years old
on a bright lake of peace?
tar-and-featherer a girl
in love with a foreign soldier?
a murderous ignorant soldier
as a hunger-strike,
or a kelp quern?

Or every V.I.P.
a human being?

Or, an insect —

And the young boatman:
who knows he won't come back
a sculptor of happiness?

---

1. Literally, 'lying song'. Generic name for a not uncommon kind of Gaelic folksong,
   also known as Amhrán na mBréag ('song of lies'). Such songs, often used as
   lullabies, give admirable scope to the imagination, often resulting in what might be
   called folk-surrealism.

Caitlín agus Justin

Dá gcreidfinn an bheirt úd
bheith ag ceol dá chéile
i bpárthas éigin
nó in áit gan cheol
seachas a gceol beirte
gan párthas ann
ach párthas a gcroíthe féin
a meon mór féin

nó i dtír na n-óg
nó i dtír na bhfeadóg
i dtír na sean
nó i dtír dho-chreidte na ngean

do mhaithfinn don ghadaí
d'athair an oilc
ach do lucht na mbréag
a bhrostaigh chun bháis iad
ba dheacra.

Caitlín and Justin

If I believed those two
were making music for each other
in some unlikely heaven
or a place with no music but theirs
its only paradise
their own two hearts
their own great mind

or in the land of youth
or the land of tin-whistles
in the land of the old
or that not impossible
land of liking

I could forgive the thief
the father of evil
but as for the lying world
that hustled them into his clutches
that's harder

Pálás na hÉagóra nó Tobar na Fáinleoige

do Chathal Ó Cuilinn

'El Palacio de la Justicia,' arsa mise le fear an tacsaí
nuair a thánas amach as consaláid chritheaglach na hÉireann.
'El Palacio de la *In*-justicia!'
d'fhreagair an fear meán-aosta 'gus meangadh beag gáire ar a
    bheola.
D'aontaíos leis go fíor-mhion-ghealgáireach,
is mé ag dul go dtí an áit dhamanta úd chun páipéar m'éig-
    iontaithe d'fháil
(gan fhios agam go fóill beag gur shealadach).

Bhí teanga na tíre sin, teanga Réamoinn bheannaithe,
labhartha 'gus léite agam na laetheanta critheaglacha úd mar
    de ghnáth —
ach bhí eagla orm í labhairt ag an neomat sin,
eagla orm 'El Palau
de la Justicia' a rá agus mé díreach ag dul ar ais go humar
    na héagóra,
cé go raibh sí á stealladh ag na mion-bhreithiúna go léir
    san oifig mhóir
sa bpálás míchompordach céanna 'gus muid fé ghlas ann.

Bhí sé bhreitheamh déag eile, áit éigin eile Eile —
i dTobairín an Duine Bhoicht, b'fhéidir, nó sa bhFont de
    l'Oreneta —
ag cantain go spóirtiúil dána; agus, i gcillín mór an pháláis,
mar a raibh an chomrádaíocht gan smál, agus fíon á ól againn,
chanadar beirt *flamenco* agus chas
do dhriothár aoibhinn 'Cill Chais' agus 'Kelly the Boy from
    Killane'.
Bhí dhá bhliain déag fós fágtha ag fear treascartha na gcarad.

Barcelona 1963 / Duibhlinn 1986

The Palace of Injustice or The Swallow's Well

for Charles Cullen

'El Palacio de la Justicia,' said I to the taxi-man
when out of our trembling consulate I trembled.
'El Palacio de la *In*-justicia!'
that middle-aged man replied, smiling a little.
I smiled less — though how could I fail to agree? —
for I was going back to that accursed place
to get my acquittal papers not knowing yet
they'd only be provisional.

The language of that land
I'd been as usual speaking and reading through all those
    trembling days —
but at that moment I was afraid to speak it,
afraid to say 'El Palau
de la Justicia' for I was going straight back to the pit of
    injustice,
even though when in that comfortless palace
they had us under lock and key the judgelings
were carrying on their tyrant's business
in the very tongue he'd banned.

Sixteen other judges, altogether elsewhere —
Font de l'Oreneta perhaps, or the Little Well of the Poor
    One —
were singing bold and free; and in a big cell in the palace,
camaraderie knew no bounds, we were drinking wine,
two men sang flamenco and your life-saving brother
sang Kilcash and Kelly the Boy from Killane.
The man who struck down friendship
had still twelve years to live.

Barcelona 1963 / Dublin 1986

Rogha

Rogha an dá dhíogha:
bréag nó ocras.
Nó,
bréag leath-éifeachtach
agus bia nach buan.
Bhí ormsa, uaireanta,
bréag nó leath-bhréag a insint
d'fhonn greim bia a aimsiú.
Uair amháin, mar shampla,
bhí orm admháil
le heagarthóir gur
'gentleman' mé:
bréag mhór mhillteanach,
buíochas le Dia na glóire.
'No need of a contract,' ar seisean,
'a gentleman's agreement will do:
we assume you are
                    a gentleman (?)' —
Is ar éigean nár thit mé
as mo sheasamh ach ansan:
'Yes,' arsa mise, om' thachtú.
Gan fiú praghas dí agam
le béal mo bhréige a ghlanadh.
Ach fuaireas an jaibín
ar feadh sé mhí.
Ansan:
fuaireas amach cad is brí
le 'gentleman's agreement'.

Choice

An evil choice:
to lie — or starve.
Or a lie half-ineffectual
and food for only a while.
I had, at times, to tell
a lie or half a lie
just to get a bite.
Once I was forced to admit
to an editor I'm
'a gentleman':
a thundering fib
thanks be to the great God on high.
'No need,' sez he, 'for a contract,
a gentleman's agreement will do:
we assume you are
                        a gentleman (?)' —
I nearly fell out of the phone-box
but 'Yes' I said, choking.
Not even the price of a drink
to wash away that lie.
But I got the wee job
for all of six months.
And then I found out
what a 'gentleman's agreement'
is all about.

Abraimís

do Phádraig Ó Conchubhair

Abraimís go gcaillfí Éire.
Abraimís go gcaillfí as an domhan
an t-oileán achrannach seo.
Go mbáifí é.
Mar aon le gach oileán eile
dá leithéid —
refractory,
disaffected.
Ansan bheadh an Pax Britannica —
nó Soviética, nó Pentagónica —
i réim go huile
agus go hiomlán.
Ach bheadh rud beag éigin
in easnamh.
Chloisfí folús.
Ansan: do chloisfí Róisín Dubh.
Í á seinm ar orgán béil,
nó ar ghléas ní ba aeraí fós.
Ach: gan téacs.
Ach: ar chuala tú riamh
'Na Connerys' á sheinm ag Willie Clancy?
Má bhí na focail ariamh agat,
tiocfaid ar ais chughat láithreach bonn,
siollab ar shiollab
gan smál.
Agus cá bhfios nach dtiocfaidh
Róisín féin thar n-ais?

Feabhra 1987

84

Imagine

Imagine Ireland lost.
Out of this world
the troublesome island lost.
Sunk.
Like every other
isle of that ilk —
refractory,
disaffected.
Then the Pax Britannica —
or Sovietica, or Pentagonica —
would at last hold sway
all over earth.
But for some small thing
felt to be missing.
An emptiness heard.
Then could be heard
Róisín Dubh
on a mouth-organ or some
even more airy contraption.
But: no words.
But have you ever heard
Willie Clancy piping The Connerys?
If you ever knew the words
they'd at once come back to you
syllable on syllable
unflawed.
And back to us, who knows,
even Róisín might come?

Bréag

Más bréag é córas na treibhe,
an bréag í an treabh?
D'fhonn briste na bréige móire,
d'fhonn briste na mbréag a leanann í,
an gléas troda do dhóthain í
fírinne lom chosnochta?
Nach bodhar go minic
an fhírinne féin:
mar cailín óg ag rothaíocht léi
trí bhaol-chroí na cathrach
is cluasáin uirthi go huaibhreach.

An leor leat aon fhírinne ghlan in aghaidh
bhrocamais na mbréag 's na mblianta?
Nó an gá dul i muinín na mbréag mbeag —
nó na mbréag mór féin —
go dtí go scriosfar
ceilt agus cealg:
an cheilt dhreoite — ár ndreo go smior —
's an chealg úr atá
chomh húr leis an oileán úr?
Más gá, nó má théitear, sa muinín úd,
an bhfeicfear fáinne solais
mar a bheadh luan na naomh
thar timpeall ar gach bréag (uasal)
i gcoinne na bun-bhréige dreoite?
Ná an ndéanfar fírinne de gach uile
bhréag uait, ionat —
beagán mar a chuireann an treabh
corr-fhírinne as a crot
ar son na bun-rialach bréige?

Lie

The tribal code a lie?
That means the tribe itself.
To break the big lie first,
then break the lies it breeds,
is bare truth enough?
Isn't truth itself
often deaf:
like a young girl riding a bike
through the perilous heart of a city,
her ears proudly clamped.

Is any clean truth enough against
the filth of lies, of years?
Or must we trust the small
or all but the biggest lies
till furtive guile decay:
that withered treachery — bone-withering us —
that boring cunning as old or as new
as transatlantic soft-soap-opera con-kings?
If that's the kind of trust
we must fall into, could it mean
a ring of holy light around
each lie so nobly dared
against the rotting lie so deep deep down?
Or every lie you tell turn true —
a bit like the way the tribe
tricks out of shape an occasional truth to save
the central, indispensable dogma?

An fírinne í gach bréag idir
ghlic is uasal d'fhonn an treabh
uasal ghlic a leigheas — nó d'fhonn
éaló leat féin amháin
ach beo folláin
ón treabh gan dóchas feasta?
Más bréag do bhlaosc
an fíor do bhia, a chnó?
Nó an mbeidh tú féin go deo
i bhfrith-chruachás na treibhe,
mar cailín bodhar ag rothaíocht léi
trí bhaol-chroí na n-aoiseann'
faoi chroslámhach na bréige ársa
agus na bréige úire,
le linn dá cluasáin dílse
bheith ag dul i bhfeoil, go smior.

Aibreán 1985

Is truth the name for every
half-noble half-cunning lie told
to heal the cunning, noble tribe or each
lie you tell to make your getaway
all on your own but alive and free from
a tribe now stript of hope?
Or must you spend too long
escaping the tribal fix,
like a deaf girl riding a bike
through the perilous heart of the ages,
caught in the crossfire
of a time-honoured lie
and the latest lie,
while those beloved ear-clamps
go on ingrowing.

April 1985

Bréag na hEagla

Ná cáinigí mé go borb géar,
a Ghaela m'ae istigh, má dúras
go borb géar gur bréagach liom cuid
nach beag í de chóras bhur dtreibhe —
mo threibhe-se, fiú, i gcead
don dream is binibí díbh;
mar bhíos ag cuimhneamh, an t-am úd,
ar chailín fuair bás i bpáirc,
ar leanbh fuair bás lena hais,
ar fhear óg fuair bás i bpáirc,
ag cuimhneamh 's ag caoineadh géar.

Fuair sí bás fén dtuaith,
a páiste gréine lena hais,
bhí bréag taobh thiar dá mbás,
agus eagla laistiar den bhréig —
ní chuig a heagla sise
atáim ach eagla na treibhe
a spreag ina croí óg
sceon. Sean-
bhréag í an bhréag a mhaíonn
gur peaca mór é leanbh a shaolú
lasmuigh de chuing na treibhe,
seana-bhréag mhór mharfach
'tá dall ar chearta na seirce.

I bpríomhchathair scriosta na poblachta
fuair fear óg bás i bpáirc,
bualadh chun bháis é,
de bharr gur síleadh gurbh ansa
leis fear eile ná bean.
Ach ní d'aon turas a maraíodh é,

The Lie of Fear

Too sharp or fierce don't scourge me,
Gaelic nation I love and need, for speaking
sharp and fierce against
lies in the tribe's code —
it's my tribe too, for all
the spite-mongers in your sanctum;
for I was remembering, when I spoke,
a girl who died in a field,
her child who died beside her,
a young man who died in a park;
remembering,
lamenting.

She died down the country,
her sun-child beside her,
a lie behind their death,
and fear behind the lie —
it's not her fear I mean
but the tribe's fear that struck
into her young heart
terror. An old lie
calling it a great sin
to bear a child outside the tribal code,
an old, big, murderous lie
blind to the rights of love.

In the ruined capital of this republic
a young man died in a park,
he got beaten to death because
they thought he liked men more than women.
But they didn't mean to kill him,

le buachaillí scriosta báire
na cathrach scriosta. Cén mhaith
dá chlann, dá chonablach,
an scread sin mar bheannacht?

Bhí bréag taobh thiar dá bhás,
agus eagla laistiar den bhréig.

Bealtaine 1987

those ruined bully-boys
of this ruined city. What good
can that screech for a blessing do
his family or his skeleton?

A lie behind his death,
and fear behind the lie.

May 1987

Nár Mhéanar É

Mise 'mo shuí taobh thiar díot,
mo dhá láimh anall ort go dlúth,
an gluais-rothar ag imeacht ar luas,
abair céad míle san uair,
trí Pháirc an Fhíonuisce,
níos mire ná na fianna,
níos suaimhní ná an buar,
le breacadh lae nó um nóin,
gan duine ar bith eile ann
ar fud na páirce móire,
an bheirt againn geal-nocht,
's an rothar ag gluaiseacht go mear
fé ghrian na gcrann os ár gcionn,
gan fothram dá laghad ón inneall —
ach fuaim bheag anála na beirte.

Wouldn't It be Lovely

Me on the pillion behind you,
my two arms tight around you,
the motor-bike going fast,
a hundred miles an hour, say,
right through the Phoenix Park,
swifter than deer,
more canty than kine,
at break-of-day or at noon,
with nobody else there
in the whole vast park,
the pair of us bright-naked,
and the bike moving fast
under the light of the sun
in the trees over our heads,
no noise at all from the engine
only the small sound
of you and me breathing.

Slíoch

Gur binn leat sneachta
ní h-aon mhíorúilt é
nuair a fheicim an deilgneach
an bheirt mhion-chiorcal
'tá fós ar do chléibh
braitheann mo chroí báine
níos gile, níos milse
ná Slíoch féin.

Slíoch[1]

Your liking for snow
is no great wonder
when I look at the marks
the two small circles
still on your breast
my heart feels whiteness
brighter and sweeter
than Slíoch itself.

1. Slíoch is a snow-capped mountain in the Highlands, praised by MacDiarmid.

Finnscéal

Seacláid na sagart a tugadh air. Bhí an tseacláid féin comh dubh
le h-éide na sagart agus beagnach comh cruaidh leis an sagart ba
chruaí a d'ionsaigh damhsa. Ach dá n-osclófá an tseacláid, ba
léir duit báine taobh istigh den duibhe, agus boige laistigh den
chruas; agus ba bháine í an bhoige sin ná an bóna ba bháine do
chaith sagart ariamh; agus ba bhoige í an bháine sin ná an croí
ba bhoige 'bhí ag aon sagart ariamh i mbosca faoistine. Agus
b'in é an fáth gur tugadh seacláid na sagart air.

Legend

Priest-chocolate they called it. The chocolate itself was as black as a priest's garb and nearly as hard as the hardest priest that ever attacked a dance. But if you opened the chocolate up you found — a whiteness inside the blackness, and a softness inside the hardness; and that softness was whiter than the whitest collar ever worn by a priest; and that whiteness was softer than the softest heart of any priest that ever heard confession. And that's why they called it the chocolate of the priests.

Bratach

Leon dearg
ina cholgsheasamh
ar smut ghluaisteáin na bpéas —
ár bpéas-na —
parcáilte ina gclós féin
ag bun an bhratchrainn
fé bhratach na dtrí dhath.

Bhí dathanna na saoirse a tréigeadh,
dathanna an dóchais ró-ársa,
fé spéir ghorm an tsamhraidh sin
ag glioscarnach lán chomh geal
leis an leon dearg
ar an ngluaisteán impiriúil.
N'fheadar cén boc bréag-mhór,
cén *job-creator* draíochta mór-le-rá,
a raibh 'nár measc an lá sin cúig
bliana ó shin 's do thuill
ómós na brataí náisiúnta . . .

Cúpla uair 'na dhiaidh sin, ar feadh
míosa b'fhéidir 'sea goineadh mo rosc
leis an leon dearg
ina cholgsheasamh
ar shíocháin an stáit seo,
ar bhratach thraochta an dóchais.

Cad a tharla, ó shin, don leon dearg?
Meas tú gur cuireadh ar ceant é?
Nó dúirt fear liom amáireach
go ndúirt bean stáin leis
nach bhfuil an barántas
i gceart go fóillín.

1987

Flag

Red lion rampant on the bonnet
of an Irish police-car parked
in their own car-park
right under the national flag.

The colours of freedom betrayed,
colours of a hope too ancient,
gleamed every bit as bright beneath
that summer-blue sky as the red
lion on the empire car.
Who knows what bloated pillock,
what magic famous phony job-creator,
had landed in our midst that day
five years ago to win
flag-worship . . . .

Twice perhaps in a month
our eyes were hurt
by the red lion rampant
over the guards of our peace,
over an exhausted flag of hope.

What happened since, to that red lion?
Was it impounded — put up for auction?
Or a man told me tomorrow
a tin woman told him
they haven't got the warrant right yet.

January 1990

Sneachta i gCuach Airgid

Sneachta i gcuach airgid
níor líonas riamh ná ní fhacas
ach siúcra i mbabhla ómra
charnas i gcistin go minic

Siúcra bán
i mbabhla ómra

Dar le Zeami,
máistir Nó,
b'in an suaimhneas,
b'in sáimhe:
sneachta i gcuach airgid

Níl agam féin
ach babhla ómra
go siúcra geal
ach minic a líonaim
ómra go bruach
'gus cuirim ina seasamh ann
spúnóg airgid

Diaidh ar ndiaidh
titeann an spúnóg

Má chuirim ar ais í
ón gcupán tae
sa mbabhla ómra
seans go seasfaidh
ach céard a cheapfadh
Zeami díomsa
dá gcuirfinn ar ais í
ón gcupán tae

Snow in a Silver Bowl

Snow in a silver bowl
I never heaped nor saw
but sugar into amber
often poured in a kitchen

White sugar
in an amber bowl

According to Zeami,
master of Noh,
that was stillness,
that was serenity:
snow in a silver bowl

White sugar
in amber glass
is all I've got
but often I fill
amber to the brim
and stand up in it
a silver spoon

Bit by bit
the spoon tilts

If I put it back
from the cup of tea
into the amber bowl
it may stand up
but what can Zeami
think of me
if I return it
from the cup of tea

i gcroí sciamhach an tsiúcra
sa tsneachta suaimhneach
gan í a thriomú
go dian mí-shuaimhneach?

Síocháin ar bith
níl ann gan aineamh
spúnóga airgid
as trousseau mo mháthar
dhíolas i bhfad ó shin
ar ór bocht gránna:
an spúnóg a sheasaim
i mbráid an tsneachta
i gcuach ómra
ghoid ar mo shon-sa
cara liom é
ón óstán is órga
in iarthar Eorpa

Bhí 'fhios aige go rabhamar
beo bocht ag an am úd:
ar éigean spúnóg bhréige
sa teach gan trácht ar airgead
ná sneachta i gcuach

Go tobann ón gcistin ghalánta
ar chistin na dáimhe boichte
thuirling spúnóga
greanta gréasta airgid

Anois má fheicim
siúcra geal i mbabhla ómra
cuimhním ort, a Sheosaimh

to the lovely heart of sugar
to snow serenity
without even drying it
unserenely?

No tranquility
without a blemish
the silver spoons
from my mother's trousseau
I sold them long ago
for ugly brass:
the spoon I stand
in snowy breast
in amber glass
a friend liberated it
from the goldenest hotel
in the western world

He knew at the time
we were wretched-poor:
scarce even a phony spoon
let alone silver
or snow in a bowl

From the swanky kitchen
to the kitchen of poor poets
all of a sudden a cascade
of highly elaborate silver

Now when I see white
sugar in the amber bowl
it's you I remember, Joe

Cuimhním ort ag sclábhaíocht
i gcistin shuarach an tsaibhris
cuimhním ar do bhlianta i ngéibheann
ar son na saoirse
                    i gcéin, i ndeas,
ar son an tsuaimhnis
ar son na sáimhe
                    i gcéin, i ndeas,
cuimhním ar do mhisneach do-chloíte
ar do mhisneach comh gleoite le sneachta

I remember you slaving
in the wretched kitchen of wealth
I remember your years in prison
for the sake of freedom
                    both near and far
in the cause of serenity
for the sake of stillness
                    both near and far
I remember your courage unbeaten
your courage as handsome as snow

Ceol

do Franco Loi

Glór
     íon
          caol
               glé

'Ciao'

Glór linbh
gan a bheith ró-chaol
'Ciao'
a agus *o*
chomh glé san le cloisint
a
   chomh glé san
o

gan sos giorraisc
eatarthu
cumasc
       gan chumasc
an bheirt fhuaim
os mo chionn
an dá litir
spleách ar a chéile:
neamh-spleách

An friotal ársa
gan a bheith seana-chaite
i mbéal an linbh
ina bhéilín úr

D'fhéachas suas
ón gclós ina rabhas

Music

A high
      thin
           clear
               voice

'Ciao'

Not too thin
the child's voice
'Ciao'
both *a* and *o*
coming through clear
a
   so clear
o

between them
no brusque pause
the two sounds
descending
both letters
a blend
       tho' separate

That ageing word
as good as new
on the child's lips
in her fresh mouth

I looked up
from where I stood

ón gclós mór cúil
lán féir agus tor
fé ghrian Aibreáin na hIodáile
is ba léir dom an glór:

Girseach bheag aoibhinn
dhá bhliain d'aois b'fhéidir
gúna gearr bán uirthi
miongháire anuas chugham
trí raillí balcóine

Thartimpeall orainn scór
balcóin eile
          gan chailín gan cheol

'Ciao' arsa mise léi
gan cheol im ghlór-sa
'Cad is ainm duit?'
ina teanga féinig

'Barbara'

Glor
     caol
          suaimhneach
                    linbh

Barbara

Gach siollab chomh cneasta glé
le teocht na spéire Aibreáin.

Milan 1988 / Ráth Maoinis 1990

in the big backyard
full of bushes and grass
under an Italian
April sky
and saw the voice:

A pleasing child
of two years old maybe
in a short white frock
smiling down at me
through balcony-railings

No girl or music
on any balcony
but hers alone

'Ciao' said I
without her music
'What's your name?'
in her own tongue

'Barbara'

A thin
      calm
            child's
                  voice

Barbara

Each syllable as clear and kind
as that warm April sky.

Milan 1988 / Rathmines 1990